D0939116

Para Telmo y para Julieta, que me cambiaron el cuento.

V.M.

Le dedico este libro a todas las mujeres fuertes de mi vida, que son muchas. En especial a mi madre y mi hermana. A mi familia al completo. Y por supuesto a Héctor, por darme ánimos todos los días.

L.S.

Papel certificado por el Forest Stewardship Council®

Aunque se inspira en personas reales, esta es una obra de ficción. Como tal, no es, ni intenta ser, un retrato fidedigno de ninguna de ellas, sino que los personajes que aparecen en la narración tienen sus propias características físicas y de personalidad y viven situaciones totalmente imaginarias, en las cuales cualquier parecido con la realidad es pura coincidencia.

Primera edición: noviembre de 2018
Primera reimpresión: enero de 2019

© 2018, Virginia Mosquera, por el texto y la idea original
© 2018, Lydia Sánchez, por las ilustraciones
© 2018, Penguin Random House Grupo Editorial, S.A.U.
Travessera de Gràcia, 47-49. 08021 Barcelona
Diseño y maquetación: Magela Ronda

Penguin Random House Grupo Editorial apoya la protección del *copyright*.
El *copyright* estimula la creatividad, defiende la diversidad en el ámbito de las ideas y el conocimiento, promueve la libre expresión y favorece una cultura viva. Gracias por comprar una edición autorizada de este libro y por respetar las leyes del *copyright* al no reproducir, escanear ni distribuir ninguna parte de esta obra por ningún medio sin permiso. Al hacerlo está respaldando a los autores y permitiendo que PRHGE continúe publicando libros para todos los lectores.
Diríjase a CEDRO (Centro Español de Derechos Reprográficos, http://www.cedro.org) si necesita fotocopiar o escanear algún fragmento de esta obra.

Printed in Spain – Impreso en España

ISBN: 978-84-488-5106-4
Depósito legal: B-23.007-2018

Impreso en Soler

BE 5 1 0 6 4

Princesas que cambiaron el cuento

Virginia Mosquera
Lydia Sánchez

Lumen

PATTI SMITH
PRINCESA DEL ROCK

La pequeña Patti nació en un pequeño pueblo de Chicago un día blanco como el papel de seda.

Nada más verla, el doctor dijo:

–Qué rara es.

Pero su madre, que cantaba jazz, cocinaba con esmero y llenaba las estanterías de la casa con todos los libros que pillaba, le corrigió al instante:

–No es rara, es especial.

Y desde luego que lo era.

Ya desde pequeña, Patti empezó a coleccionar palabras. **Palabras** que encontraba aquí y allí. Pequeños tesoros que decidió acumular en un cofre.

Quizá no había mucho que hacer en aquel pueblo de Chicago, pero ella disfrutaba realizando preciosas combinaciones de sus tesoros, que distribuía por el suelo de su cuarto.

Era normal verla colocar «**gloria**», «**caballo**» o «**ruido**» junto a **«nube»**, **«tintero»** o «**tren**». Hacía ristras de palabras, trenes de letras, collares de frases... Sin ella saberlo, estaba haciendo **poesía***.

Podía parecer raro, pero es que Patti enseguida descubrió que «raro» era una buena palabra: **raro era especial**.

*Poesía: la poesía sirve para volar el techo de las ideas.

Según crecía, el pueblo se le quedaba pequeño y un día les dijo a sus padres que se iba a esa gran ciudad donde los edificios tocan el cielo y le rascan la barriga: la fascinante Nueva York.

Y hacia allí partió, con su cofre de palabras, un abrigo y toda su ilusión, a trabajar en una joyería de tesoros antiguos del SoHo de Manhattan.

Cada día, camino al trabajo iba recolectando ideas y palabras perdidas, joyas que solo ella sabía apreciar. Y en aquella tienda, gracias a un broche en forma de mariposa, que ella puso delicadamente en el escaparate, conoció al primer genio que se cruzaría en su vida: un joven vibrante de ojos azules que llevaba una cámara de fotos y pantalones de campana. Él le compró el broche de mariposa y, después, se lo regaló.

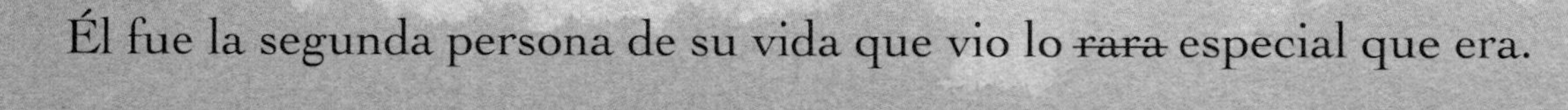

Él fue la segunda persona de su vida que vio lo ~~rara~~ especial que era.

Juntos, se mudaron a un palacio: el Chelsea Hotel, donde vivían los artistas más fascinantes del momento, además de otros genios.

Patti recorría feliz sus pasillos de acá para allá, vestida con un blazer y buscando amigos con los que compartir sus palabras.

En ese lugar, la gente era tan ~~rara~~ especial como ella.

Y un día ocurrió. Le regalaron una guitarra de madera. Era hermosa y delicada como una tarde de junio.

Patti acarició sus cuerdas y luego las aporreó. Empezó a tocar a diario con tanta dedicación que un día consiguió que sus vecinos no se taparan los oídos.

Y por fin su guitarra sonaba. Sonaba como lo hace el otoño cuando se cuela por las ramas de los árboles o como cruje una tormenta de verano. Entonces tuvo una gran idea: abrió su cofre de palabras y las esparció por el mástil de la guitarra. El resultado conmocionó a todo el Chelsea Hotel. Nadie antes había sido capaz de enredar poesía entre las cuerdas de una guitarra acústica. No así...

Las palabras se vistieron de una música tan irresistible que la gente empezó a moverse frenéticamente. Jamás habían escuchado una poesía que se pudiera bailar de aquella manera.

No era raro, era atronadoramente especial.

Ese fue el comienzo. La joven Patti empezó a dar conciertos en lugares pequeños, donde el público se dejaba llevar por la música de sus palabras, bailando como locos. A veces de felicidad, a veces solo como locos. Había un poder secreto en su forma de enredar poesía en guitarras eléctricas. Y la flor y nata de los artistas, cayó rendida ante su encanto.

Un día reunió todo en un álbum: su primer vinilo, y se sintió feliz. Había conquistado su propio reino, el reino del rock. **Era oficialmente y por mérito propio: una princesa con un disco, una guitarra y cientos de palabras que brotaban de su imaginación, siguiéndola allá donde iba.**

Patti gritaba su música a los cuatro vientos en el mítico local de conciertos: el CBGB.

Después del primer disco, llegó el segundo y otro más..., y un día se cruzó con el que sería el príncipe de sus poemas, Fred, un guitarrista con un talento tan largo como su pelo. Ambos iniciaron un camino juntos que incluiría canciones, discos, una boda y unos hijos maravillosos.

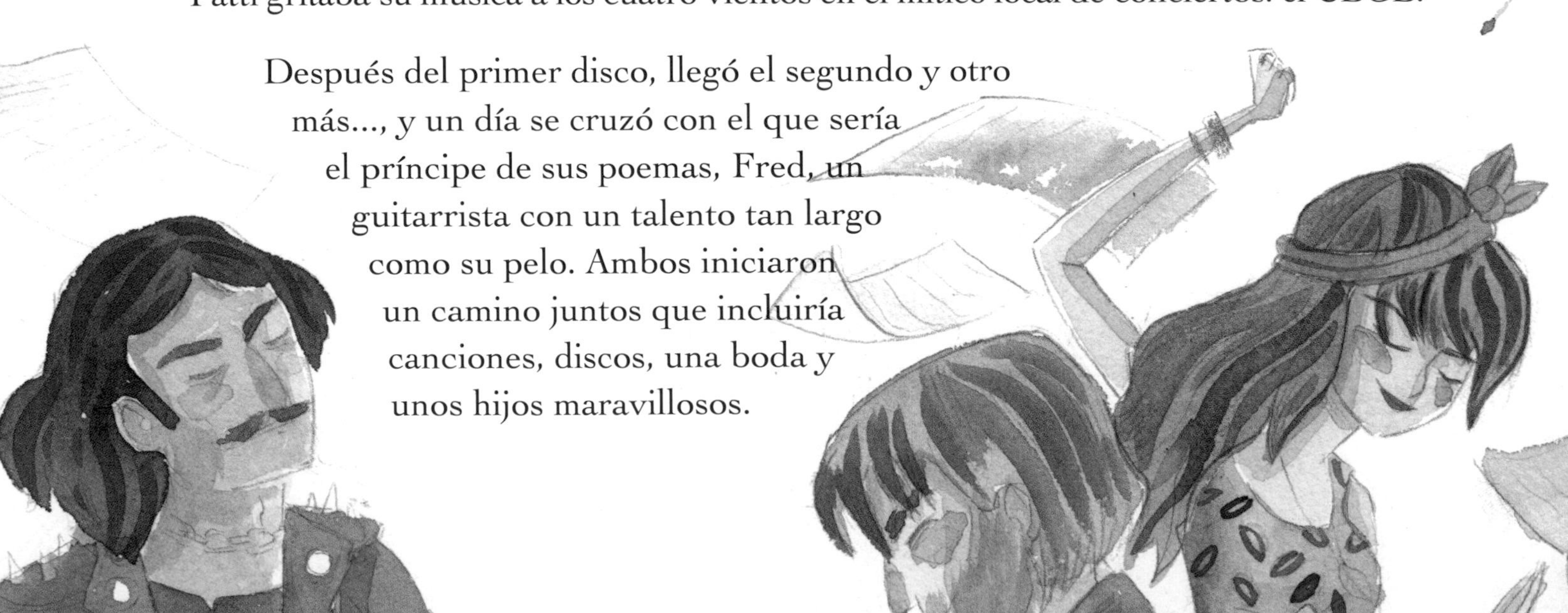

CBGB
PRESENTS
THE
RAMONES
GLORIA
P O E
I

Sí, se casaron, y a sus pequeños les dedicó Patti los mejores años de su vida, retirada de los escenarios por un tiempo.

Amando, leyendo y cocinando nanas para sus hijos, su corazón estaba colmado de felicidad.

Así se horneó una de las canciones más famosas de la historia: *People have the power*. Una canción que grita que todos somos especiales, y que ese es nuestro pequeño poder.

Los escenarios seguían tirando de su camisa, pero ella se resistía, hasta que sintió que era su momento. Entonces volvió a subirse a uno de ellos, para cantar con más power* que nunca.

Patti volvió a dar conciertos de nuevo con su banda. El público, hipnotizado por su power, llenaba las salas y saltaba y saltaba al escucharla expresando con su cuerpo lo que ella transmitía.

*Power: es una palabra que se usa cuando uno se siente como si estuviera en lo alto de una montaña.

Sus letras gritaban **p o e s í a a a a a a a a** y, cuanto más lo hacía, más especiales se sentían todos.

Escribió libros, poemas y canciones, compartió escenario con sus ídolos y hasta llegó a recoger un Premio Nobel en nombre de Bob Dylan, un medio poeta, medio trovador que escribió su respuesta en el viento.

Ahora es una gran princesa. Vive sentada en una montaña de felicidad, rodeada de palabras (como power) que se pueden bailar, chillar y cantar.

Reina en su propio reino, un reino que no se acaba nunca, como el de cualquier otra niña rara, vamos, especial.

KAREN BLIXEN
PRINCESA DE LAS PALABRAS

Hace muchos, muchos años,
en un reino junto al mar del Norte,
nació una niña con un carácter indomable,
una preciosa sonrisa de medio lado
y el bonito nombre de Karen.

Acababa de nacer, pero ya tenía los ojos abiertos
al mundo en forma de pregunta.

Su nacimiento trajo tanta felicidad que se convocó una fiesta
fastuosa a la que acudieron las tres hadas del Norte:

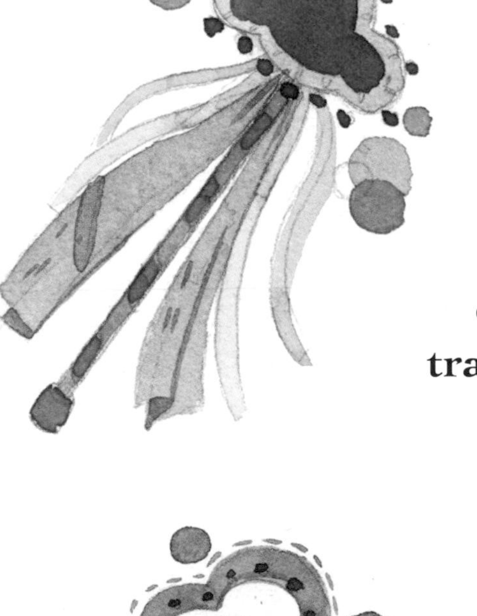

El hada de las nubes fue la primera en ofrecer su don:

**«Tus sueños, ligeros como alas de pájaro,
te llevarán lejos, donde te propongas llegar».**

El hada de la luz añadió:

**«Tus ojos claros, como cielos abiertos, serán
capaces de recoger la belleza que te rodea para
traducirla en palabras».**

Por último, el hada de las aves pronunció:

**«Tu cabello largo y rizado será el símbolo
de tu libertad, salvaje y brillante como
tú misma, capaz de anidar pájaros en tu
cabeza».**

La pequeña Karen creció disfrutando de sus dones. Con una facilidad sorprendente para improvisar historias, que regalaba aquí y allá a sus amigas, las ardillas del bosque.

Cada vez que se sentaba a escribir en su pequeño escritorio, decenas de pájaros acudían, para anidar entre los rizos de su larguísimo pelo, convirtiendo su preciosa cabellera en una selva de ideas.

De esta forma inventó sus primeros cuentos.
Cuentos que guardó como tesoros, bajo la almohada.

Con los años, se convirtió en una hermosa joven
que seguía albergando pájaros en la cabeza
e historias bajo la almohada.
Tenía sed de libertad y ganas de ver el mundo.
Verlo para contarlo.

Pero, para escribir historias grandes, hay que vivir historias grandes. Karen necesitaba traspasar las fronteras de su reino. Así que sus padres, tras mucho debatir, decidieron enviarla a África, la tierra del calor y el color. Pero lo hicieron de la forma que se hacían las cosas en aquella época, casándola con el barón Bror Blixen, que tenía una granja en África.

De forma que Karen se subió a un tren y recorrió el paisaje blanco de Europa hasta que dejó de ser blanco. Y pasó del blanco al verde, y del verde al amarillo, y del amarillo... a la explosión de colores y olores de Kenia.

Cuando bajó del tren, en la estación de Nairobi, llevaba una maleta con todos sus vestidos y sus libros, un reloj de cuco y su enorme bañera de porcelana.

Pero, a pesar de la explosión colorida de sus paisajes, la vida en África no era como había imaginado. Plantó café y eso la obligaba a pasar el día sola en la granja, recolectando mano a mano con los kikuyu*. De noche, curaba y acunaba a los niños kikuyu de sus tierras soñando construirles una escuela donde enseñarles a leer.

*Niños kikuyu: niños nacidos en Kenia, de piel oscura y ojos sonrientes. Decían de Karen que hablaba como la lluvia.

Como era de esperar, el barón y ella descubrieron que no estaban hechos el uno para el otro y cada uno siguió su camino. Él partió a la ciudad. Ella permaneció en la granja.

Allí su vida continuó con la letanía de las tardes de verano. Eso sí, cuando llegaba la noche, todos, sin excepción, se arremolinaban para escuchar sus historias, mientras el fuego chisporroteaba, bajo el manto de estrellas africano.

Historias que siguió guardando bajo la almohada.

Pero el café no crecía y Karen pensó que necesitaba ayuda. **Una mañana se plantó en la ciudad y entró en un club de Nairobi donde nunca antes había entrado una mujer: Muthaiga.**

Ese día hizo historia. No solo porque muchos caballeros se despeinaron, sino porque allí conoció al príncipe de sus relatos: Denys George Finch Hatton.

Tenía una bonita sonrisa, un espíritu libre y una avioneta amarilla.

Ella le tendió su mano y Denys la subió a su avión.

Aquello cambiaría su vida para siempre. Ver el cielo desde el cielo, las nubes desde las nubes y los elefantes diminutos como figuritas de ajedrez. Ambos se miraron en el aire y sus miradas se entrelazaron. Se habían enamorado.

Y a partir de aquel momento todo fue felicidad, salían de safari* y acampaban cada noche, al caer el sol. Denys llevaba siempre un gramófono y un disco de Mozart. Hacían una hoguera, brindaban con finas copas y ella le contaba historias que duraban hasta que las estrellas se dormían.

Juntos recorrieron África por el cielo y por la tierra, y por primera vez Karen se sintió libre de ser ella misma.

La visión de la libertad lo cambió todo.

Pero, claro, los espíritus libres no pueden dejar de serlo, de forma que cada uno tuvo que seguir su propio destino. Denys quería hacer safaris por el cielo, volar de nube en nube en su avioneta, y Karen deseaba poner los pies en tierra, su cabeza en la almohada y cuidar de la granja de sus kikuyu.

Se despidieron sabiendo que solo es amor verdadero el que te insufla las alas de volar en una dirección: tus sueños.

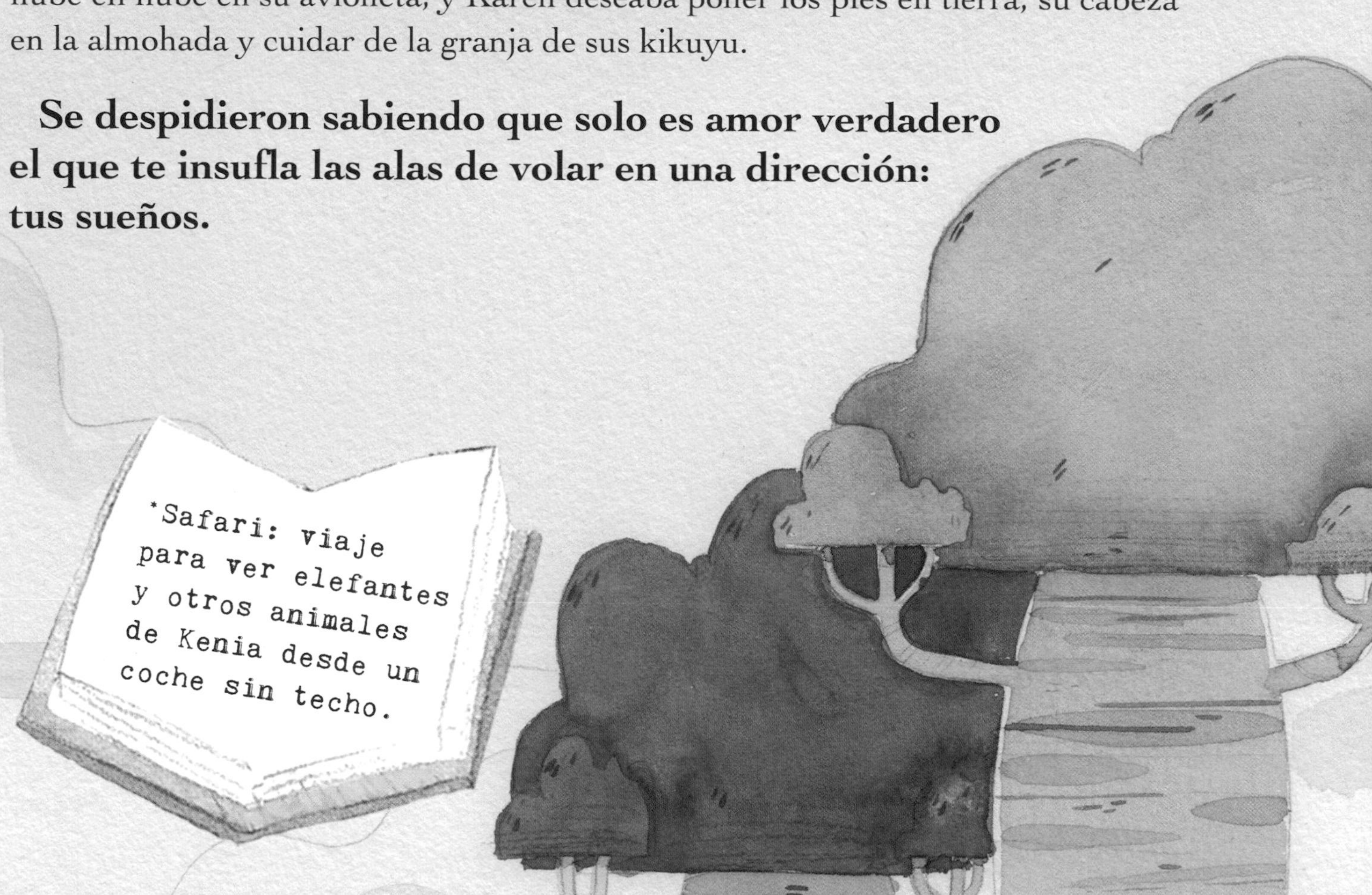

*Safari: viaje para ver elefantes y otros animales de Kenia desde un coche sin techo.

Nada más llegar a su querida granja recibió la noticia de que la escuela de niños ya estaba terminada. Su corazón desbordó felicidad. Se había ganado el nombre de Hermana Leona.

Entró en su cuarto y se sentó en el escritorio a recorrer lo vivido. Tenía tantas historias en su cabeza que por fin se soltó el pelo, abrió el cuaderno, mojó la pluma en la tinta y se dejó llevar. Un par de pájaros se posaron entre sus rizos, justo cuando empezaba a escribir:

«Yo tenía una granja en África...».

A medida que siguió avanzando por las páginas de su historia, pájaros de todo el continente acudieron a su cabeza.

Escribió una historia larga como un río de tinta. Una historia tan larga que llegó a todas las esquinas del mundo, como había soñado de niña.

Una historia que desembocó en un libro.

Un libro que cada vez que alguien lo abre revive la luz y los colores de África, el cielo del cielo, el rumor de las estrellas.

KATHY SWITZER
PRINCESA DEL MARATÓN*

Cuando la madre de Kathy Virginia Switzer salió corriendo hacia el hospital del pueblo alemán donde iba a dar a luz, no imaginó que esa sería la constante de la vida de su pequeña: **correr**.

Corre que te corre, transcurrieron sus primeros años.

Enseguida gateó y, al poco tiempo, caminó y corrió. A los dos añitos se mudó con su familia al continente americano, donde su infancia transcurrió veloz como el viento.

Y así, en un abrir y cerrar de ojos, se plantó en sus doce años.

¿Y qué fue lo que le dijo a su padre?

–Quiero entrar en el equipo de hockey.

–Pero para eso –contestó su padre– tendrás que correr una milla al día.

–¡Una milla al día! ¿Y cómo sabré cuánto es una milla?

Su padre salió al jardín con un metro. Le dio vueltas, andando a grandes zancadas, midió y sentenció: «Dando cuatro vueltas diarias al patio, podrás entrar en el equipo».

Kathy no se lo pensó y echó a correr. Quería dejar atrás un mundo que le decía a las niñas que se quedaran quietecitas, que quietecitas estaban más guapas. Ella nació corriendo y correría.

Y así fue. Corrió sus cuatro vueltas diarias y, lejos de cansarse, le cogió gusto y siguió.

Siguió corriendo porque podía. Porque sus piernas demostrarían al mundo que estaba equivocado. Que una chica era capaz de correr una carrera tan dura como la maratón. Ella correría aunque estuviera prohibido para las mujeres. Y esa fue su meta: correr la Maratón de Boston de 1967.

El tiempo corrió con ella, mientras entrenaba duramente, hasta que ese día llegó, se levantó y se puso su dorsal, el 261. La acompañaban su padre, su entrenador y Tom, un caballero sensible y valiente que no tenía caballo, tenía clase. Su padre, sentado entre el público, observaba con el alma en un puño cómo se acreditaba... (¡Uuuuf!) hábilmente usando sus iniciales.

La carrera arrancó y sus pies se despegaron del suelo con toda la fuerza de su ser. **Corría y corría.** Se sentía como si un ejército de corredoras la empujara por detrás. Ella era todas las niñas que hubo antes y también todas las que vendrían después. Iban a ser 42 kilómetros de puro placer. Entonces, cuando estaba disfrutando la libertad de correr como uno más, escuchó un grito a su espalda:

—¡Fuera de mi carrera!

En ese momento, el tipo más enfadado que había visto jamás surgió de entre los corredores. **Corría furioso tras ella, decidido a expulsarla de la carrera.**

Kathy, asustada, echó a correr con todas sus fuerzas, pero aquel tipo enajenado consiguió agarrarla del chándal.

–¡Devuélveme mi dorsal! –gritó como un ogro.

Entonces Tom, que era un caballero con mucha clase, le hizo tal placaje que lo tumbó entre los flashazos de los periodistas que, atónitos, disparaban fotos sin parar. **Estaban presenciando, sin duda, un día para la historia.**

«¡Corre como nunca!», escuchó en ese momento en su nuca, y echó a correr como si todas las niñas del mundo corrieran con ella. «Correeeeeee», volvió a escuchar. Y, así, llegó a la meta.

Aquel día Kathy alcanzó la meta con la fuerza de todas las niñas del mundo. Y, aunque la descalificaron, no pudo parar ahí. Con esa misma energía, siguió corriendo y corriendo, saltando barreras, atravesando prejuicios, reventando las ideas de los que no creían que una chica pudiera alcanzar una meta así.

Corrió y corrió hasta que, cinco años más tarde, lo consiguió. Logró que todas las mujeres pudieran inscribirse oficialmente en una maratón.

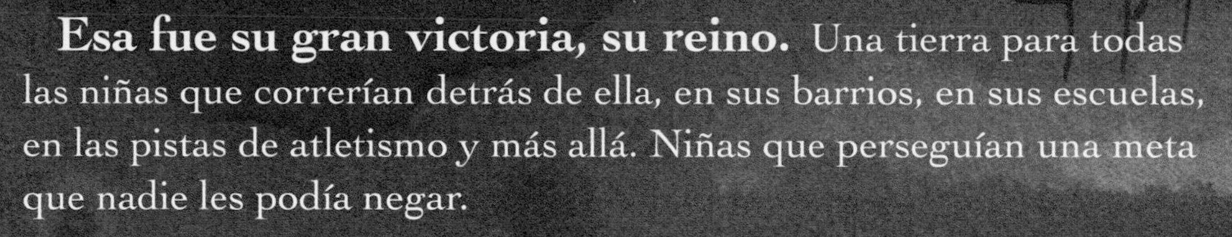

Esa fue su gran victoria, su reino. Una tierra para todas las niñas que correrían detrás de ella, en sus barrios, en sus escuelas, en las pistas de atletismo y más allá. Niñas que perseguían una meta que nadie les podía negar.

Kathy nunca dejó de correr porque había nacido corriendo y una llama la movía desde dentro… Y así llegó el día en el que la maratón femenina fue, por unanimidad, categoría olímpica*.

Y siguió y siguió corriendo... hasta que llegó el día en el que, como hoy, aquello que sucedió en Boston es tan imposible de concebir como que llueva hacia el cielo, que las flores se cierren o que las estrellas, como ella, dejen de brillar.

*Olimpiadas: las inventaron los griegos para retarse entre ellos y llegar a ser más fuertes que los dioses, pero, hasta que no se incorporaron las mujeres, la cosa no se puso interesante.

MICHELLE OBAMA
PRINCESA QUE SALVÓ AL PRÍNCIPE

Michelle tenía nombre francés, pero había nacido en un barrio de Chicago* donde la nieve en invierno cubría los edificios como azúcar glas.

Su infancia transcurrió como la de cualquier otra niña fascinada por aprender. Fue del colegio a la universidad, y de ahí a otra universidad, hasta que por fin se puso su traje de *tweed* para ir a su primer trabajo, a demostrar cuánto valía (hasta cuatro veces más que los demás, en su mayoría hombres mayores).

Pero ese era su don. Un don que combinaba con haber nacido con unas largas piernas de gacela para dar zancadas (hasta cuatro veces más grandes que las de los demás).

Sus piernas y su tenacidad la llevaron lejos. Lejos de aquella época en la que las mujeres tenían que demostrar hasta cuatro veces más lo que valían.

Pero volvamos a la mañana en la que tiene lugar este pequeño cuento de invierno.

Su madre la despide y ella se dirige a su trabajo dando grandes zancadas, con ganas de cambiar el mundo. Zancadas, talento y una sonrisa capaz de derretir la nieve de la avenida Míchigan.

Esa es la joven Michelle.

*Chicago: preciosa ciudad al borde del lago Míchigan, con elegantes edificios que rascan el ombligo del cielo.

Aquella mañana entra en su oficina y, con dos zancadas, se sienta en su mesa a trabajar. **Ella ya es la jefa.** Le ha costado, como a todas, pero está ahí, cambiando el mundo con el resto de las mujeres de su generación.

Su secretaria le deja un café y se aleja con un gran montón de papeles. Y es entonces cuando sucede. Fijaos: en medio de la rutina, como todas las cosas mágicas de la vida real.

Suena el timbre. La secretaria abre la puerta de la oficina y un golpe de aire hace que el gran montón de papeles que lleva vuelen por el aire como pájaros salvajes.

Entonces, un joven desgarbado, con una sonrisa como tarjeta de visita, entra en su despacho y todo se para.

El tiempo se para.
La gente se para.
Incluso los papeles que vuelan por los aires se paran.

Las máquinas de escribir se paran.
Los teléfonos se paran.
Y todos los copos de nieve de la avenida Míchigan.

La escena se queda en pausa.
Solo se escucha el latir de sus dos corazones.
El de ella. El de él.

Explicación: a veces la vida nos regala un silencio. Y así es como las personas se enamoran.

Él sonríe. Y ella sonríe.
Y esta pausa parte el tiempo en dos mitades:
La vida de antes de ese momento.
Y la de después.

Explicación: así funciona el amor.

Michelle se pone de pie y, retirando uno tras otro los papeles que han quedado atrapados en esa pausa del aire, se va aproximando al muchacho.

Es un chico larguirucho y sonriente que necesita que le contraten. Solo hay que verlo: es un estudiante. Que viene de donde ella viene y que también es capaz de demostrar las cosas hasta cuatro veces más que los demás.

Enseguida se reconocen, **es la magia del amor**.

–¿Cómo te llamas? –le pregunta Michelle, y la escena se reanuda.

La gente vuelve a caminar como si nada hubiera ocurrido.
Y los teléfonos suenan de nuevo.
Los copos siguen cayendo.
Los papeles, volando.

–Soy Barack –le dice–. Y necesito un trabajo.

Así funciona el destino. Un universitario con nombre de príncipe y una princesa con nombre de canción de los Beatles se dan la mano y, sin saberlo, deciden emprender un camino juntos.

Y así fue como Barack empezó a trabajar ese día para Michelle.

Porque el tiempo se partió en dos mitades. La de antes de conocerse y la de después. Y esto es lo que pasó luego, en la de después:

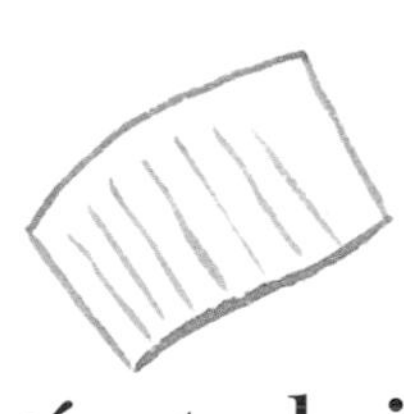

Él empezará a trabajar para ella. Y Barack, siguiendo sus sentimientos, le pedirá una cita* a Michelle, que le dirá que no, la primera y las sucesivas veces, hasta que él conquiste su corazón.

*Cita: encuentro entre dos personas que tienen mariposas en el estómago y que puede llegar a acabar en historia de amor, en boda o en tarro de mariposas.

TIME

Y luego se casarán, tendrán dos hijas preciosas y ella será la que le lleve de la mano hasta conseguir sus sueños, hasta ser el primer presidente* afroamericano de Estados Unidos.

«¿Cómo?», os preguntaréis. **Pues creyendo en él con toda su alma, porque así es como las personas se rescatan las unas a las otras.**

Ella trabajará junto a él en la Casa Blanca, diciendo **«Yes, We Can»**, tomando decisiones y dando discursos que emocionarán a todo el planeta.

De forma que un día, cuando Barack termine su mandato, le preguntarán por qué no se postula ella misma como presidenta de Estados Unidos.

–Sí, sí –suplicará la gente–. ¡Por favor, queremos que seas la nueva presidenta de Estados Unidos! ¡La primera!

Entonces el tiempo volverá a congelarse por un instante y Michelle sonreirá, esta vez entre una bandada de ideas que van de su familia a sus ideales.

El mundo se ha enamorado de ella, el mundo espera. Y es que Michelle ha cambiado tanto el cuento que ahora el cuento es otro.

*Presidente: es la persona elegida para tomar grandes decisiones dentro de ese trozo de tierra llamado país.

MARY QUANT
PRINCESA DE LA MODA

En un bonito y humilde barrio en el corazón del reino de Inglaterra, nació una niña con el pelo rojo y brillante. Se llamaba Mary Quant y tenía un curioso don: **la certeza de saber lo que NO quería**.

Con solo seis años **NO** solo disfrutaba vistiendo a sus muñecas, disfrutaba vistiéndose a sí misma. Como **NO** le gustaba la ropa, heredada de su prima, que le hacían ponerse, empezó a diseñar sus propios vestidos, al grito de: **«¡NO me gustan esos vestidos!»**.

–¿Y qué te pondrás? –le preguntaba divertida su madre.

–Mis propios diseños –contestaba ella sin dudarlo.

Una aguja y un dedal fueron los primeros aliados de su pequeña cruzada. Dos instrumentos para cambiar el mundo que manejaba con firmeza, mientras charlaba con sus muñecos sobre moda, arte y música moderna. Hizo de cada trapo heredado de su prima un vestido digno de cualquier revista de moda.

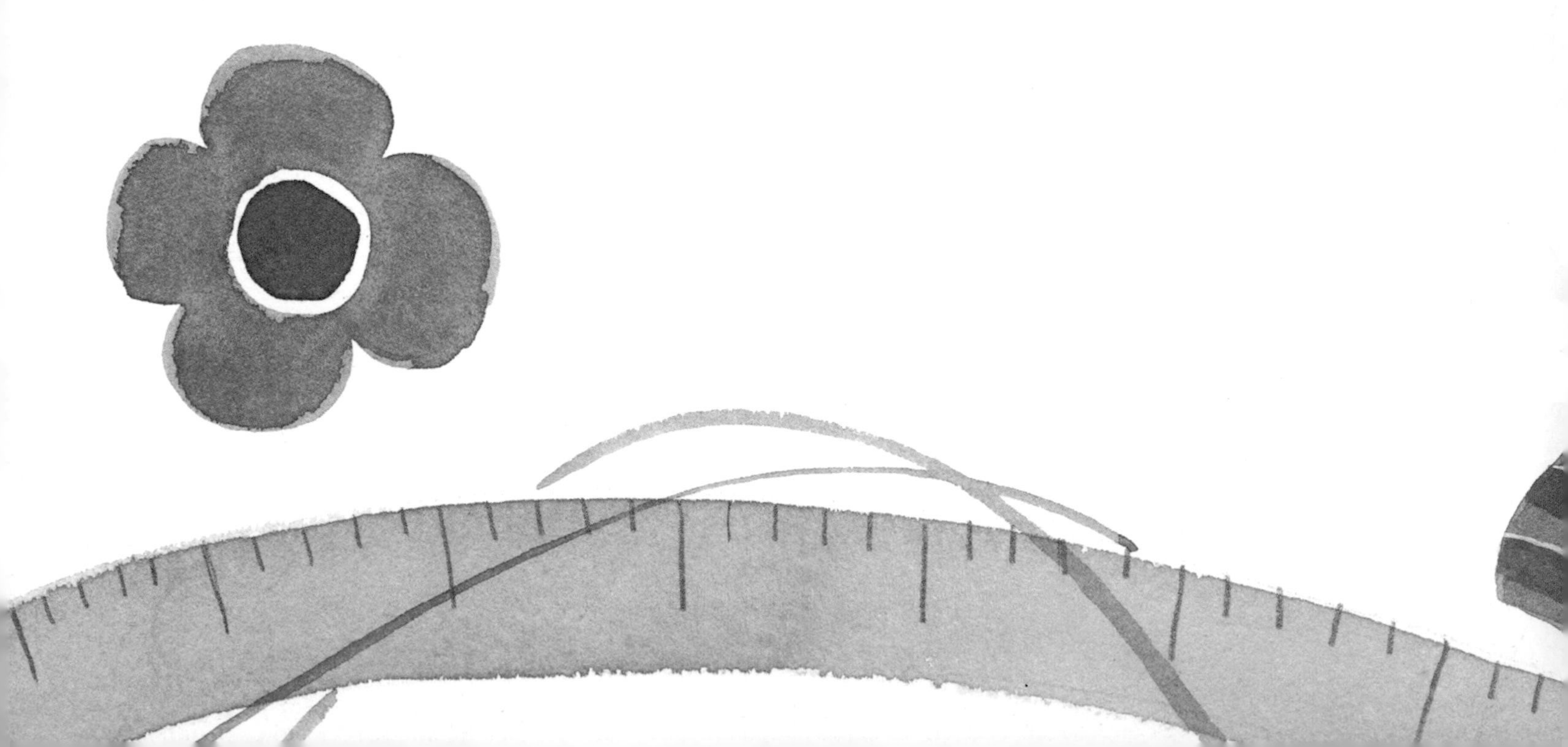

THE
WHO

Mary sabía lo **que no quería**, así que cambió 13 veces de colegio.

Las profesoras se quejaban de que Mary era rebelde, de que Mary no era buena alumna, de que Mary no hacía lo que todas las demás...

Pero su madre fue la primera que vio que Mary NO quería ser como las demás, porque tenía otras cosas en la cabeza. Así que le permitió que, mientras estudiaba, se ganara sus primeros pennies* como costurera.

Así se fue tejiendo su vida, hasta que quiso el destino que los hilos de Mary se cruzaran un día con los de Alex, un joven trompetista, que, vistiendo una camiseta de The Who*, se enredó en su camino, encandilándola con su mejor sonrisa.

Sus hilos se enredaron hasta el punto de que se casaron y abrieron una tienda de moda en King's Road llamada Bazaar.

Allí Mary podía mostrar sus llamativos vestidos, y hasta los maniquíes abrían mucho los ojos cuando ella los vestía.

*Pennies: monedas con una reina muy peripuesta de perfil, del tamaño de la ranura de una máquina de canciones.

*The Who: banda mítica de los años 60, cuya música invita a mover el flequillo locamente, ir en Vespa y bailar.

BAZAAR

La tienda fue tan bien que Mary, agarrando el hilo de su destino y unas tijeras, se atrevió a hacer lo que nadie antes había hecho.

Cogió una falda antigua, larga hasta los pies, y se la colocó a un maniquí. Después, tomó unas grandes tijeras y la cortó justo por encima de rodilla.

Ese pequeño gesto cambió el mundo.

Voilà!

Lo había conseguido. Mary miró la pequeñísima falda y se la puso frente al espejo: **había inventado la minifalda**.

La falda más famosa del mundo.

Era puro pop. Nada más mirarse en el espejo, una canción empezó a sonar dentro de su cabeza. Era más corta que su falda de colegiala. Era más corta que un pantalón de deporte. Era divertida. Era atrevida. Era 45 revoluciones por minuto, era el *Revolution* de los Beatles*.

Mary ya no era solo Mary, era el reflejo de la libertad.

Había hecho algo que nadie se había atrevido a hacer antes. Esa noche, sin dejar de bailar, empezó a vestir a todos sus maniquíes con faldas cortísimas de colores vivos. Al amanecer, abrió el escaparate al público.

Había nacido la minifalda.

*Beatles: cuatro chicos con pelos cortados como tazones de cereales que cambiaron para siempre el mundo de la música cantando canciones que acababan en «yeeee yeee». Probablemente sean la banda más influyente de todos los tiempos.

La falda colgada en el escaparate de Bazaar era toda una provocación. Hija de su época, de la música mod, de los Beatles, sonaba con música propia.

¿Y qué sucedió? Que las jóvenes se volvieron literalmente locas por la pequeñísima falda.

Unos, locos de amor.

Otros, locos de odio.

Y es que nunca llueve a gusto de todos.

Hasta el punto de que hubo quien la consideró falta de gusto y decoro, y hubo manifestaciones*:

Unas a favor.

Otras en contra.

Llevada por la inspiración, Mary siguió provocando un terremoto social. Era como si pudiera hablar a través de los vestidos que proponía en sus escaparates: faldas cortas, colores chillones, medias atrevidas, encendidas. Rojos, naranjas, amarillos, fucsias, abrigos de plástico, botas por encima de la rodilla y todo lo que le venía a la cabeza.

Estaba creando la moda de su tiempo.

Un tiempo que buscaba el cambio.

*Manifestaciones: gente con pancartas gritando que quiere que pase justo lo contrario a lo que está pasando. A veces son divertidas y a veces no. Muchas de ellas tienen el fabuloso poder de cambiar el mundo.

Ella solita cambió el aspecto de todo su barrio, luego el de la ciudad y, junto con otros tantos, el mundo. Sus vestidos saltaron a otros países, la minifalda se extendió al ritmo de *All You Need Is Love*. Y llegó a América, a Francia, a España...

Chicas de todo el mundo se sumaron a esta moda: se cortaron el pelo y también la falda. **Se expresaban con su aspecto, reclamando un mundo más colorido, divertido y libre.**

Con una flor como bandera, querían ser ellas mismas.

En Londres, París, Tokio y Nueva York, Mary era portada de todas esas revistas que, en su día, copiaba de pequeña. Vistió a Twiggy, a Brigitte Bardot o Nancy Sinatra, y hasta vistió películas míticas como *Dos en la carretera*, y recibió la Orden de Honor de la reina Isabel II.

–¿Y en qué se diferenciaba su estilo de otros que se consideran diseñadores serios? –le preguntará años más tarde un periodista en una entrevista.

–Digamos que mi estilo siempre fue todo lo contrario... de... lo aburrido.

MALALA YOUSAFZAI
PRINCESA DE LA PAZ

Dice la leyenda que Malala nació en un lejano y colorido reino
entre el mar Arábigo y el golfo de Omán.
Un lugar brillante que atravesaba una época oscura.

Un don excepcional para entender a los demás,
unos ojos brillantes
y la certeza de que cambiaría el mundo
eran el pequeño patrimonio de Malala.

Se dice que a su nacimiento acudieron dos nagas* de largos cabellos que,
provenientes de los confines del reino pantanoso, depositaron
en su cuna pequeñas armas para cambiar su mundo:
un bolígrafo, una libreta y una capa invisible.

Aunque era una niña libre y risueña, su vida era más difícil cada día en aquel precioso país cuyos colores esmerilados y palacios preciosos se volvían más grises cada día.

La familia de Malala se enfrentaba a más restricciones diarias. Prohibiciones que no cabían en la preciosa y libre cabecita de las más pequeñas.

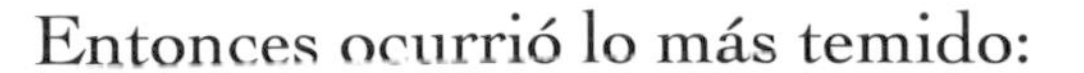

Entonces ocurrió lo más temido:

un día anunciaron que las niñas no podrían estudiar.

Como si se partiera el cielo, la noticia conmocionó a toda la población, de forma que los padres, asustados, prohibieron a las pequeñas acudir a la escuela.

Pero Malala sabía que había nacido para cambiar el mundo, y el mundo no lo cambiaría en casa. Por más que lo prohibieran, ella iría a estudiar; nadie le arrebataría lo que más amaba.

Y como no conocía el miedo, siguió yendo a la escuela con su libreta, su boli y esa preciosa capa invisible que la cubría de arriba abajo.

Una capa capaz de protegerla de la incomprensión del mundo. Hecha de puro idealismo*, un material muy frágil que se va desgastando con los años.

Cada mañana, era feliz subiéndose al autobús y sentándose libre, junto a sus amigas. Saber y aprender era todo para ellas y así lo empezó a escribir en su blog.

En la escuela aprendía las letras, los números y el valor de saber. Saber como ventana al mundo, saber para enseñar y para seguir aprendiendo.

Aún no lo sabía, pero un día escribiría con palabras encendidas:

«Un niño, un profesor, un libro y una pluma pueden cambiar el mundo».

Pero una terrible mañana, en aquel autobús camino de la escuela, fue atacada por un encapuchado que quería silenciar sus palabras.

*Idealismo: creer que lo imposible puede llegar a ser posible, aunque parezca imposible.

Con la libreta y el bolígrafo aún pegado a su pecho, fue trasladada urgentemente al hospital y más allá del mar, custodiada por las nubes, hasta el reino de Inglaterra. Allí, rodeada de amor, se recuperó por completo de aquel ataque.

Entonces, de su interior brotó la fuerza que la movería a partir de ese momento, su valentía hablaría por ella.

Haría que todo por lo que había pasado sirviera para algo.

De esta forma, Malala empezó a escribir aún apoyada en su almohada.
Y ocurrió: sus palabras se extendieron como una plaga luminosa.
Ella era el mensaje y el mensajero. Su sola imagen significaba libertad.
Ella era capaz de echar abajo todas las murallas y todos los «no se puede» que el miedo levanta cada día en nuestros corazones.

La prueba de que el saber es el arma más poderosa del mundo.

Gracias a internet su mensaje llegó a todos los ojos, a todos los oídos, y sabios de todo el mundo tomaron una sabia decisión: le darían el Premio Nobel*.

«Saber nos hace libres».
«El conocimiento es para todas las niñas».

El día que se lo entregaron, Malala brillaba con luz propia. Con diecisiete años, era la persona más joven que jamás había recibido semejante honor.

Dio un discurso brillante, encendido de palabras, que niñas de todas partes del planeta siguieron con los corazones abiertos, llenas de fe.

Hoy Malala gobierna su propio reino de luz. Su expresión es patrimonio de su humanidad, de la humanidad de todas nosotras… y de todos nosotros.

PENÉLOPE CRUZ
PRINCESA DE CINE

En un pequeño lugar llamado Alcobendas, nació una preciosa niña, hija de un ferretero y una peluquera que se habían enamorado como se enamoraba la gente en los setenta, bailando sobre una canción de Serrat. **Por eso la llamaron Penélope.**

Tenía nombre de sirena, de canción y de reina, carácter indomable, ojos inmensos y ese «algo» del que están hechas las estrellas.

Se veía que, como toda niña que llega al mundo, tenía un don.

–¿Pero cuál? –preguntó su padre, mirando a cámara (sí, como se hace en las películas).

–Lo descubriremos, pero lo importante es que estudie –respondió su madre.

Y, tanto que lo vieron, lo vimos todos.
Así que... ¡Luces! ¡Cámara! ¡Acción! Vamos a la primera escena de este pequeño cuento:

INTERIOR / NOCHE

La pequeña Pe tiene cinco años y juega en su cuarto, compartido, eso sí, con sus dos hermanos pequeños. Está bañando a sus muñecos. Luego les pondrá el pijama y les leerá un cuento, para acostarlos, que mañana hay cole. Se ve claramente que está jugando a su personaje favorito, el personaje de mamá.

SALTO EN EL TIEMPO, YA TIENE 8 AÑOS

La niña crece jugando y bailando, libre y feliz.

Como no había cines cerca de su casa, al volver de sus clases enciende el Betamax y deja correr las horas. De *El mago de Oz* a *Mary Poppins,* de *Dos en la carretera* a *Mujeres al borde de un ataque de nervios,* la pequeña se hace mayor de golpe como ocurre en las películas y, en un abrir y cerrar de ojos, ya está poniendo pósteres en su cuarto.

–¿Cómo es posible? –pregunta su padre mirando de nuevo a cámara.
–Ya lo veremos –responde su madre–. Ella que se prepare.

Y lo que vemos es que la joven tiene «algo». Se sabe de memoria los diálogos y los números musicales de sus pelis favoritas. Sueña con ser Carmen de Bizet y Sandy de *Grease*.

De ensayar frente al espejo, saltamos a la escuela.
De la academia, al conservatorio.
De la escuela de teatro, a su primer casting.

EXTERIOR / DÍA

La joven Pe encuentra un anuncio pinchado en la pared. Un reclamo que busca caras nuevas para la tele y... (redoble de tambores) se presenta. Entonces... (más redoble de tambores), le dicen **que no, gracias**.

Ese «NO» es uno de los momentos más importantes de su vida, porque, lejos de venirse abajo, la joven vuelve a la semana siguiente, eso sí, disfrazada.

Y... ¡¡¡Tachán!!! ¡La seleccionan! Porque la vida tiene ese «algo» mágico del que están hechas las películas.

De casting en casting, la joven Penélope empieza un viaje al firmamento de las estrellas, despegando con un director con nombre de Luna y alas en el corazón, que dirigió la película *Jamón jamón*. Esta será importante no solo porque es la primera y sale un toro, sino porque allí conocerá a un caballero sin capa y sin sombrero, con porte de galán y estirpe de cineastas. Un joven que nos vamos a guardar para más adelante, porque la vida real tiene ese «algo» mágico del que están hechas las películas.

Y es que primero tiene que recorrer el mundo de personaje en personaje. Tiene que ser espía, pirata, periodista, bailarina, bandida, diseñadora, trompetista y hasta forajida... Tiene que salvar el mundo y encontrar tesoros en las aguas del Caribe.

«¿Cómo?», os preguntaréis. Pues entrando por un lado del personaje y saliendo por el otro. Con ese don que directores con mucho ojo, algunos incluso a la virulé, fueron capaces de ver.

¿Y qué ocurre?

Que los cines se llenan de espectadores y de aplausos. Vemos portadas con su nombre, revistas con su cara. Grandes diseñadores de moda la visten, grandes directores de cine la ne-ce-si-tan.

–Y ella solo quiere ser ella –nos dice Pedro Almodóvar (sí, mirando a cámara como se hace en las películas). Otro director con mucho ojo, nacido en La Mancha para colorear el mundo, y al que un día Penélope entregará un Óscar gritando su nombre de pura emoción.

Pero sigamos... De personaje en personaje, de peli en peli, Pe viaja por el mundo viviendo en hoteles. Haciéndose una familia de cachorros y gatitos abandonados que encuentra por la calle, que hacen de cada habitación de hotel un pequeño hogar... Y es que el camino al firmamento de las estrellas, lo saben hasta los astronautas, es tan brillante como solitario.

SALTO EN EL TIEMPO

Un foco alumbra directamente a aquel caballero sin capa y sin sombrero, con porte de galán y estirpe de cineastas, que recuperamos en el momento perfecto para que le robe el corazón.

«¿Cómo?», os preguntaréis. Pues dejándose robar el corazón dentro de una película de Woody Allen. Una película rodada en Barcelona donde la joven Penélope entrará en un personaje adorable que lleva una bici, un sombrero y hasta una pistola. Un personaje que la lleva de un salto a este momento:

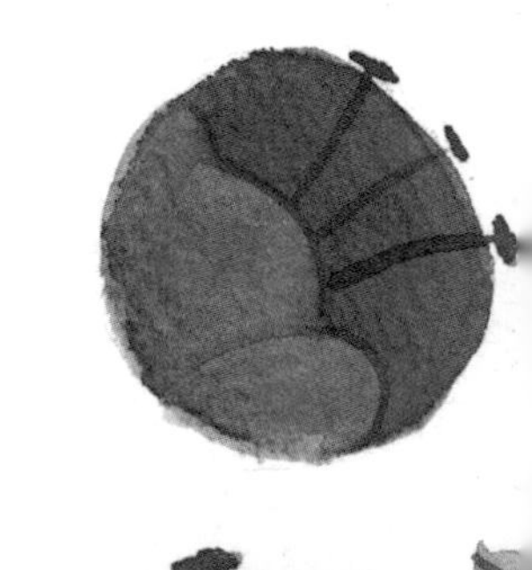

Y el Óscar es para…

Sí, a la joven Penélope le dan un Óscar, que es un premio grande y dorado por el que actrices españolas de todos los tiempos han suspirado toda su vida.

Y, de golpe, no solo es la primera en recibirlo, se convierte en una reina. Alguien que ha conseguido lo que soñaba: vivir de lo que más le gusta hacer.

Ese es su reino.

Con nombre de sirena, de canción y de reina, carácter indomable y ojos inmensos, entra y sale de sus personajes con deliciosa fluidez, sin perder a su personaje favorito, el que más veces ha interpretado en su carrera; el único para el que nunca tuvo que hacer casting: **el de Mamá**.

Y es que la joven Pe nunca dejó de adoptar y apadrinar, de proteger y curar, poniendo el foco de su fama, incluso el ojo de su cámara, en los más necesitados*.

–Porque tiene ese «algo» del que están hechas las más bellas personas –nos dice la madre Teresa de Calcuta (sí mirando a cámara como en las películas).

Y ahora que este cuento está llegando a su fin, tenemos que elegir una escena importante para poner el **«THE END»**. Por ejemplo, esta, que es un momento muy bonito, porque es el presente:

INTERIOR / NOCHE

Penélope tiene 44 años y está bañando a sus hijos. La vemos con su caballero sin capa y sin sombrero, enjabonando y aclarando mientras todos chapotean. Luego les pondrá el pijama y les contará el cuento de lo que ha hecho durante el día, y les cantará una canción de cuna muy bajito; muy bonita y muy cortita, que mañana hay cole, hay que madrugar y queda mucho que soñar.

–¿Ya? –os preguntaréis.

–Ya veremos... –responde ella misma guiñándonos un ojo–. Y de «THE END» nada. «FIN», como toda la vida.

FIN

Pe dirigió el documental *Soy Unoentrecienmil.org* dedicado a los peques que luchan por recuperar su reino en hospitales.

TÚ

PRINCESA DE...
O PRÍNCIPE DE...

(Espacio para que conquistes tu reino y cuentes tu historia. También puede hacerlo alguien por ti.)

31192022077950